BEI GRIN MACHT SICH IHR
WISSEN BEZAHLT

AF150800

- Wir veröffentlichen Ihre Hausarbeit,
  Bachelor- und Masterarbeit

- Ihr eigenes eBook und Buch -
  weltweit in allen wichtigen Shops

- Verdienen Sie an jedem Verkauf

Jetzt bei www.GRIN.com hochladen
und kostenlos publizieren

Gebhard Deissler

Die Pfingstbotschaft für den Menschen des globalen Zeitalters

GRIN Verlag

Bibliografische Information der Deutschen Nationalbibliothek:

Die Deutsche Bibliothek verzeichnet diese Publikation in der Deutschen National-
bibliografie; detaillierte bibliografische Daten sind im Internet über http://dnb.d-
nb.de/ abrufbar.

Impressum:

Copyright © 2012 GRIN Verlag, Open Publishing GmbH
Druck und Bindung: Books on Demand GmbH, Norderstedt Germany
ISBN: 978-3-656-56627-4

Dieses Buch bei GRIN:

http://www.grin.com/de/e-book/193446/die-pfingstbotschaft-fuer-den-menschen-
des-globalen-zeitalters

GRIN - Your knowledge has value

Der GRIN Verlag publiziert seit 1998 wissenschaftliche Arbeiten von Studenten, Hochschullehrern und anderen Akademikern als eBook und gedrucktes Buch. Die Verlagswebsite www.grin.com ist die ideale Plattform zur Veröffentlichung von Hausarbeiten, Abschlussarbeiten, wissenschaftlichen Aufsätzen, Dissertationen und Fachbüchern.

Besuchen Sie uns im Internet:

http://www.grin.com/

http://www.facebook.com/grincom

http://www.twitter.com/grin_com

Gebhard Deißler D.E.A./UNIV. PARIS I

Die Pfingstbotschaft
für den Menschen des globalen
Zeitalters

CULTURE   RESEARCH

KULTUR FORSCHUNG

RECHERCHE CULTURE

BUSQUEDA CULTURAL

RICERCA   CULTURALE

跨文化的智慧精髓

итранскультурная

,Interkulturelles- u. Transkulturelles Management (German)

Intercultural &Transcultural Management (English)

Gestion Interculturelle et Gestion Transculturelle (French)

Gerencia Intercultural y Gerencia Transcultural (Spanish)

Gerência Intercultural e Gerência Transcultural (Portuguese)

跨文化的智慧精髓 - kua wen hua de zhi hui jing sui (Chinese)

транскультурная компетенция - transkulturnaja
kompetencija (Russian)

toransukaruchā　・ manējimento (Japanese)
トランスカルチャー　・　マネジメント

Vishua Chaytana (Sanskrit)

ZAKAA AL-TA'ALOF AL-THAQAFEE (Arabic)

Die Pfingstbotschaft für den Menschen des globalen Zeitalters

Vom Morgen der Schöpfung über alle Zeiten und Breiten schwebt der Geist Gottes, den wir an Pfingsten in besonderer Weise zelebrieren. Es ist der Geist des Schöpfergottes, der in der Gestalt des Wortes alles, die ganze Schöpfung, einschließlich des Menschen, ins Dasein gerufen hat.

Der eine Geist Gottes, kryptisch und enigmatisch und doch erkenntlich für den Menschen an seinem Wirken, nimmt verschiedene Gestalten in der Schöpfungsgeschichte an: Vater und Schöpfer zu Anbeginn, Sohn Gottes und Erlöser in der Zeit und Geist Gottes bis in alle Ewigkeit: Der Geist Gottes, der sich von Ewigkeit durch die Zeit hindurch bis in alle Ewigkeit manifestiert, ist der eine Geist Gottes, das Alpha und Omega, durch den, mit dem und in dem alles war, ist und ewig sein wird.

Ein jedes Individuum trägt den Atem dieses einen Geistes, der ihm das Leben nach seinem Ratschluss eingehaucht hat, in sich und bewegt sich in ihm; jedes Individuum, jede Gruppe, jedes Volk und jede Nation, das ganze Menschengeschlecht. Pfingsten zelebriert diesen einen Geist, der alles durchweht und durchwirkt. Dass der Mensch dieses ihn für immer verbindende lebenspendende geistige Band bisweilen vergisst und sich mit niedrigeren, relativen Spiegelungen dieses einen absoluten Geistes in der Gestalt seiner vielfältigen Subjektivismen und Relativismen identifiziert, die sich aufgrund ihrer Loslösung vom einen absoluten, allintegrativen Geist Gottes in der Gestalt des Heiligen Geistes, vielfältig relativiert, dualistisch und dialektisch äußern und sich als antagonistisch erweisen und somit das menschliche Dilemma der Nichtlösbarkeit von Antagonismen in allen Sphären der menschlichen Existenz bis in die Tiefen des Intrapersönlichen hinein und somit das Leid des Menschen heraufbeschwört, wird durch die Trennung vom einen Geist Gottes, i.e. von Gott selbst, verursacht. Diese Trennung ist die Sünde par excellence, die alle anderen nach sich zieht.

Die Rückverbindung und Reintegration in den einen Geist Gottes besteht in der Reinigung und Läuterung von dieser Sünde. Durch diese Rückkehr in den Geist und die Arme des Vaters und Schöpfers vermittels der Erlösung durch denselben Gott in seiner Sohnesgestalt und seiner Ausgießung über die Menschheit in seiner Heiligen Geistesgestalt kann der Mensch seine Reintegration in die Schöpfung nach dem Willen Gottes bewirken. Er erneuert sich und wird so frisch und frei wie der Morgen der Schöpfung: rein und klar, frei vom Ballast, den der Strom der Zeit mit sich gebracht hat und nun dieses Geschöpf, individuell und kollektiv, als schwere Last auf seinen Schultern und in seiner Seele zu zerbrechen droht.

Weihnachten, Ostern und Pfingsten sind Begegnungspunkte mit dem einen Gott, Vater und Schöpfer in verschiedenen Gestalten und Phasen, die alle auf das Geheimnis der Einheit der Menschheit in dem einen Gott und Vater aller hinweisen. Somit ist insbesondere Pfingsten, aber ebenso alle anderen Feste des kirchlichen Jahreskreises die Zelebration des Mysterium Tremendum des Geheimnisses des dreifaltigen Gottes in seiner Einheit einerseits, der Einheit der Menschheit andererseits und darüberhinaus der Einheit von Gott und Mensch im Geist Gottes. Insofern ist Pfingsten, das Fest, an dem wir des allintegrativen Geistes Gottes in besonderem Maße gedenken, die große Botschaft Gottes an die Menschen des globalen, myriadenfach diversen, pluralistischen und relativierten Zeitalters, weil diese Botschaft die einzige unter dem Himmel ist, die Myriaden sich scheinbar widersprechender Diversitätsmanifestationen des globalen, pluralistischen Zeitalters auf Grund ihrer intrinsischen Integrationsfunkton, in dem Sinne, dass alle Diversität aus ihm, dem einen Geist Gottes, hervorgegangen ist, in ihm fortbesteht und gleich dem Strom, der der Quelle entspringt, nach seinem vielfältigen Lauf wieder über das Meer, geläutert, zur Quelle zurückkehrt. In anderen Worten, der Pfingstgeist ist das Vermächtnis der Schöpfers an seine Geschöpfe, das es der Menschheit gestattet, trotz aller Diversifikation der einen Quelle des Geistes immer im Geist der Einheit der einen Quelle zu verweilen und somit alle seine relationalen Probleme, die das größte und ursächlichste Problem des Menschen sind, zu lösen.

Alle zwischenmenschlichen Probleme des Menschen haben sowohl ihre Ursache in der Nichtrealisierung des in ihnen verborgenen Geistes des Einheit und finden ihre Lösung und Erlösung in der Wiederbelebung des ihnen, trotz allen gegenteiligen Anscheins, innewohnenden Geistes der Einheit, denn die Dialektik der Dualität mit ihren menschlichen Antagonismen ist nur als interdependent mit der latenten Einheit ihres Wesen zu verstehen.

Von dem latenten Geist der Einheit her sind sie bereits gelöst. Deshalb muss sich das globale Zeitalter mit seinen vielfältigen diversitätsbedingten kulturellen und persönlichen Herausforderungen in besonderem Maße diese Geistes der Einheit bewusst werden, außerhalb dessen es keine Einheit gibt, denn es gibt nur die eine Einheit alles Seienden in diesem einen Alleinen.

Pfingsten ist die Zelebration der Alleinheit, die unsere globale, vielfältig zerrissene Ära in besonderem Maße braucht. Es ist die Integration aller unüberbrückbar und unüberwindbar scheinenden Diversitäten im alleinzigen, allumfassenden Geist, für den es keine Alternative gibt, weil er der eine allumfassende ohne zweiten ist. Die menschlichen Integrationsstrategien wissenschaftlicher und sogar religiöser, spiritueller Art, können unabhängig von diesem Geist der Einheit nichts bewirken, weder im, noch zwischen den Menschen, weder in, noch zwischen den Gruppen, weder intrapersönlich, lokal, national, regional, kontinental, interkontinental noch planetar, noch in der Tat interplanetar. Jeglicher Diskurs über Einheit, Integration, Aussöhnung, Versöhnung, interkulturellen oder interreligiösen Dialog, Kooperation und Zusammenarbeit, stößt außerhalb der expliziten Bezugnahme auf den einen Geist Gottes der Einheit bald auf seine Grenzen, weil es außer dem einen befreienden Einheitsprinzip kein zweites gibt.

Pfingsten zelebriert den Wert der Werte, der in unserer relativierten und säkularisierten Ära zu kurz kommt und die zahllosen Kultur- und Zivilisationsprobleme erzeugt, die die Menschheit in ökologischer, ökonomischer und geistig-körperlicher Hinsicht dem Abgrund näher bringen. Der menschliche und der soziale Körper haben das sie allein einbindende und integrierende Band der Einheit und des Lebens in einem Maße verloren, dass sie den Pfingstgeist als Rettungsanker brauchen. Wenn dieser Rettungsanker nicht genutzt wird, so zerschellt das Schiff der Menschheit auf den diversen Felsen der Zeit, ebenso wie es George Bernhard Shaw kurz vor dem ersten Weltkrieg in seinem Theaterstück Heart Break House anmahnte. Ohnmächtig kann er nur, in den Worten eines Protagonisten, feststellen: Nichts, gar nichts passiert, nur ein Schiff zerschellt auf den Felsen.

Der Verlust des Geistes der Einheit, den allein der eine Geist der Einheit und keine Ideologie oder Philosophie schenken kann, begründet den Geist der alle Konflikte bedingenden Zwietracht. Wer in mir bleibt und in wem ich bleibe, der bringt viel Frucht. Ohne mich könnt ihr nichts tun. In der Tat ohne im Schoß Gottes zu bleiben, wie ein Kind bei der Mutter, weil es weiß, dass es ohne sie verloren ist: Ohne diese gegenseitige explizite Einbindung des Schöpfers und des Menschenkindes ist der Mensch ebenso, trotz aller Hybris und Anmaßung auf verlorenem Posten und sein Boot wird über kurz oder lang auf den Wogen der Zeit kentern.

Hat der Mensch den Mut zur Demut der Akzeptanz des Geistes der Einheit und gibt seine relativierten, von diesem Geist der einen ausschließlichen Einheit Gottes abweichenden Einheitskonstruktionen auf, so wird er in seiner Humilität durch die Größe dieses einen Geistes Gottes, die ihn somit beseelt, auch die größten Probleme des globalen Zeitalters meistern können. Getrennt von diesem einen allumfassenden Geist wird er es nicht vermögen. Somit muss sich der Mensch entscheiden, für den Geist der Einheit Gottes oder den Geist der Zweitracht. Und wer nicht für ihn ist, ist gegen ihn.

Der ganze Planet muss heute für den Geist Gottes zugänglich gemacht werden, da der Planet selbst bedroht ist und somit der Mensch insgesamt. Die kleine Schar der Apostel und Nachfolger, die vor zwei Jahrtausenden die Herabkunft des von Christus zugesagten Geistes Gottes erfahren hat und ihre Verbundenheit mit Gott erkannte – dieses Pfingstgeschehen der Erfahrung der Einheit mit dem einen Geist Gottes sollte heute in viel größerem Maßstab stattfinden, um das Werk Gottes am Menschen und seinen Bund mit den Menschen nicht zu gefährden, sondern fortzuführen und zu vollenden, damit die Loslösung des Menschen vom Geist der Einheit nicht sein Ende heraufbeschwört, da mit dem Geist der Einheit das individuelle und kollektive Leben steht und fällt.

„Ich bin der ich bin da". Ja dieser Gott, dessen Natur das Sein und das Da Sein ist, kann nicht ignoriert werden. Die Ausrichtung auf den, der nicht abwesend, sondern dessen Natur das Da Sein ist, das omnipräsent und unumgänglich ist, ist ein weiterer Schlüssel für das Verständnis des Pfingstgeheimnisses, das seinerseits die Zusage Gottes des Da Seins und bei den Menschen Seins alle Tage bis an das Ende der Zeit ist. Gott bietet seine Hilfe an. Er ist da, unumgänglich: Es ist seine Natur. Er kann nur sein, was Er ist, nämlich DA Sein und darüber hinaus bleibt er bei dem Menschen alle Tage bis ans Ende der Zeit. Ich bin da, ja ich bin immer für euch da, das ist die Botschaft der Vaters des schwachen Geschöpfes und ich werde immer bei euch sein bis ans Ende der Tage, das ist der Trost für das furchtsame Gemüt, das getrennt vom Vater nichts tun kann.

Es gilt, die dem Menschen angemessene Gotteskindschaft zu realisieren und in ihm zu bleiben, damit er im Geschöpf bleibe und es väterlich durch die Zeit zu ihm zurückführen kann. Allein der menschliche Hochmut, Anmaßung und Gier, sind jene Trennungsfaktoren, die den Menschen von Gott trennen und ihm den Atem der Einheit und des Lebens entziehen und seine Projekte in der Zeit versanden und vom Meer der Zeit verschlingen lassen.

Permanenz gibt es nur in der Einheit, die das Leben per se ist; außerhalb derer kann es nicht sein. Es ist im ureigensten Interesse des Menschen, den Schoß des Geistes der Einheit und des Lebens Gottes nie zu verlassen, sondern innig mit ihm verbunden zu bleiben, damit er bestehen kann und alle seine Belange von dort her gestalten und darauf ausrichten kann. Darin besteht die Lösung menschlicher Herausforderungen. Somit ist der Pfingstgeist eine der zentralsten Erkenntnisse des Menschen, ohne zweite. Alle anderen Erkenntnisse, einschließlich der scheinbar grandiosen wissenschaftlichen Spiegelungen dieses Geistes, haben keinen Bestand unabhängig von der sie bedingenden einen geistigen Wirklichkeit.

Auf einer brasilianischen Website habe ich folgende Zusammenfassung der Geschichte der Schöpfung und der Erde gefunden und sie vom Brasilianischen ins Englische und darauf ins Deutsche übertragen. Sie thematisiert diese poetisch und veranschaulicht die Konsequenzen des Abweichens von der Einbindung in den Geist Gottes - den Pfingstgeist - für die Integrität der Schöpfung und des Menschen, das heißt, den Fortbestand des Planeten Erde.

Quelle: www.fatima.com.br « As Cores da Terra », "The Colours of the Earth", "Die Farben der Erde." (Übertragung aus dem Portugiesischen von G. Deißler)

The Colours of the Earth:

As Cores da Terra (original in Brazilian, followed by my English and German translations)

„Quando lá no princípio, Deus criou a Terra, sua cor era toda verde. Verde da natureza totalmente virgem, das florestas ricas, dos bosques encantados, das planícies serenas. Verde da esperança de ser a Terra a casa dos homens por Ele amados.

Mais tarde, quando o homem pensou sobre a Terra, considerou-a o centro do universo. Achou que só podia ser assim, porque afinal era na Terra que Jesus vivera, era na Terra que viviam as criaturas mais perfeitas que deviam cuidar do planeta, continuando a magnífica obra da criação. Naquela época, provavelmente, a idéia era que a Terra fosse dourada.

Muito tempo depois, quando o homem resolveu conhecer o universo e conquistar o espaço, viu, finalmente, a Terra de longe. E de tão emocionado disse que era um planeta azul. Azul dos mares sem fim, das águas profundas. Azul como a paz que irmanava o planeta com o grande silêncio do céu infinito, misterioso.

Pouco tempo depois, já que o tempo começou a correr descontrolado, parece a Terra mudou de cor novamente. Ficou amarela. Amarela das queimadas, da fumaça fétida das fábricas, dos desertos que cresceram, das florestas que deram espaço ao vazio que chamaram de progresso e lucro. Amarela de medo. Medo de perder seu verde, seu ouro, seu azul para sempre.

E esta história termina aqui, porque, talvez, as últimas cores da Terra sejam o vermelho do aquecimento global, seguida de um negro profundo de escuridão e caos.

Que os personagens desta história sonhada amorosamente pelo Criador não abandonem a Terra, que não sejam as vítimas nem os algozes de um planeta para eles feito sob medida. A medida do Amor.“

The Colours of the Earth. (English Translation):

"In the beginning, when God created the Earth, it was totally green. Green from its totally virgin nature, its rich forests, enchanting woods and serene planes. Green because of the hope that the Earth would be the home of man beloved by Him.

Later, when man reflected on the Earth, he thought it was the centre of the universe. He thought this was the only way it could be, because after all it was on the Earth that Jesus would live and it was on this Earth where the most perfect creatures lived who were to take care of the planet and continue the magnificent act of creation. At that time, one probably assumed that the Earth was golden.

Much later, when man succeeded in knowing the universe and in conquering space, he finally was able to see the Earth from afar. This moved him so much that he said it was a blue planet: blue form the endless seas and the depth of its waters. Blue as the peace which united the planet with the grand silence of the infinite and mysterious sky.

Later, when time began to run out of control, it seems that once more the Earth had changed its colour. It turned yellow. Yellow from combustion, deforestation, stinking factory smoke, expanding deserts, receding forests that gave way to the void, which was called progress and profit. It turned yellow from fear; the fear of losing its green, its gold and its blue forever.

And this story has to end hear, for the last colours of the earth might well be the crimson of global heating, followed by a deep black of obscurity and chaos. May the persons of this story lovingly dreamt up by the Creator neither abandon the Earth nor become the victims nor hangman of a planet that was made for them to measure. To the measure of Love."

Die Farben der Erde. (Deutsche Übersetzung):
„Am Anfang, als Gott die Welt erschuf, war sie vollkommen grün: grün von der unberührten Natur, den endlosen üppigen Wäldern und weiten, friedlichen Ebenen; sie war ergrünt, voll der Hoffnung, dass die Erde die Heimat des von IHM geliebten Geschöpfes würde.

Später, als der Mensch über die Erde nachdachte, hielt er sie für das Zentrum des Universums. Er war der Ansicht, dass dies nur so sein könnte, weil ja Jesus selbst auf dieser Erde leben würde und weil darauf die vollkommensten Geschöpfe lebten, die sich dieses Planeten annehmen und das großartige Werk der Schöpfung vollenden sollten. In jener Zeit war man wahrscheinlich der Ansicht, dass die Erde golden sein.
Viel später, als der Mensch das Universum allmählich entschlüsselte und den Weltraum eroberte, konnte er die Erde aus großer Entfernung sehen. Dies bewegte ihn so sehr, dass er sagte, sie sei ein blauer Planet: blau wie der Friede, der den Planeten mit dem tiefen Schweigen des endlosen und geheimnisvollen Himmels vereinte.

Später, als die Zeit allmählich außer Kontrolle geriet, schien es wiederum, als hätte die Erde ihre Farbe geändert. Sie wurde gelb: gelb durch Verbrennung,   Entwaldung, stinkende

Fabrikschornsteine, Verwüstung und schrumpfende Wälder, die der Leere Platz machten, die man Fortschritt und Profit nannte. Sie wurde gelb vor Angst; vor Angst, ihr Grün, Gold und Blau für immer zu verlieren.

Und die Geschichte muss hier enden, denn die letzten Farben könnten sehr wohl die karminrote globale Erwärmung, gefolgt von tief schwarzer Dunkelheit und Chaos sein.

Mögen die Personen dieser Geschichte, die der Schöpfer liebevoll ersonnen hat, weder die Erde preisgeben, noch die Henker des Planeten werden, der für sie nach Maß, dem Maß der Liebe geschaffen wurde."